Die kleine weiße Ente

Mal- und Lesefibel
1. Schuljahr

Beltz Verlag
Weinheim und Basel

Impressum:

Doris Mauthe-Schonig, Bruno Schonig, Mechthild Speichert: Die kleine weiße Ente. Mal- und Lese-Fibel. (Aus dem Projekt: Mit Kindern lesen)
Illustrationen: Frank Ruprecht

2. Auflage 1989

Lektorat: Peter E. Kalb
Umschlaggestaltung: Frank Ruprecht
Druck und buchbinderische Verarbeitung:
Druckhaus Beltz, 6944 Hemsbach

Printed in Germany

ISBN 3 407 62303 8

Quellennachweis:

Puppen. Aus: Bibliotheque de Travail (BTJ) 119, S. 30.
Institut Coopératif de l'École Moderne – Pédagogie Freinet 1978.

Ich hätte am liebsten, wenn alle Tiere ...
Aus: Bibliothèque de Travail (BTJ) 168, S. 18.
Institut Coopératif de l'École Moderne – Pédagogie Freinet 1979.

Wie ich mir die Schule wünsche. Aus: Bibliothèque de Travail (BTJ) 80, S. 23.
Institut Coopératif de l'École Moderne – Pédagogie Freinet 1973.

Schaukellied von Lennart Hellsing. Aus: Ein Reigen um die Welt. Hrsg. H. Baumann, Gütersloh 1965.

Ich habe mit meinem Baby gespielt. Text von Manuela aus einer ersten Klasse in Wiesbaden.

Löwenzahn. Gedicht von Elise Vogel.
Aus: Gedichte für Kinder. Hirschgraben, Frankfurt 1963.

Das ist nicht wahr. Aus: Bibliothèque de Travail (BTJ) 34, S. 28.
Institut Coopératif de l'École Moderne – Pédagogie Freinet 1968.

Wir haben einen Video-Film angeguckt. Text von Tamara aus einer ersten Klasse in Wiesbaden.

In den Ferien ... Text von Dimi aus einer ersten Klasse in Wiesbaden.

Der Regenbogen. Aus Bibliothèque de Travail (BTJ) 80, S. 14.
Institut Coopératif de l'École Moderne – Pédagogie Freinet 1973.

Wenn, wenn, wenn ... Texte von Heiko, Sevim, Susanne und Pedro aus einer ersten Klasse in Wiesbaden.

Die drei Spatzen. Aus: Christian Morgenstern: Gesammelte Werke · München 1965 (Piper).

Loni

ich bin Lino
ich bin Loni

Wenn ich
groß bin,
geh ich
ganz weit weg.

Irgendwohin,
einen weiten Weg.

Da nehme ich
die Mutter mit,
da nehme ich
den Vater mit.
Aber nur
ein kleines Stück,
dann bleiben sie zurück.

Und komm ich
dann wieder,
dann seh ich
sie wieder.

Lino

Otto

Otto Lino Loni

Otto in Not

Loni holt Otto

Wald

Wo ist Lino ?
Wo ist Otto ?
Wo ist Loni ?

Ein Männlein
steht im Walde
ganz still und stumm.

Es hat
aus lauter Purpur
ein Mänt'lein um.

Sagt, wer mag
das Männlein sein,
das da steht
im Wald allein
mit dem
purpurroten Mäntelein?

Lino ist leise

grün

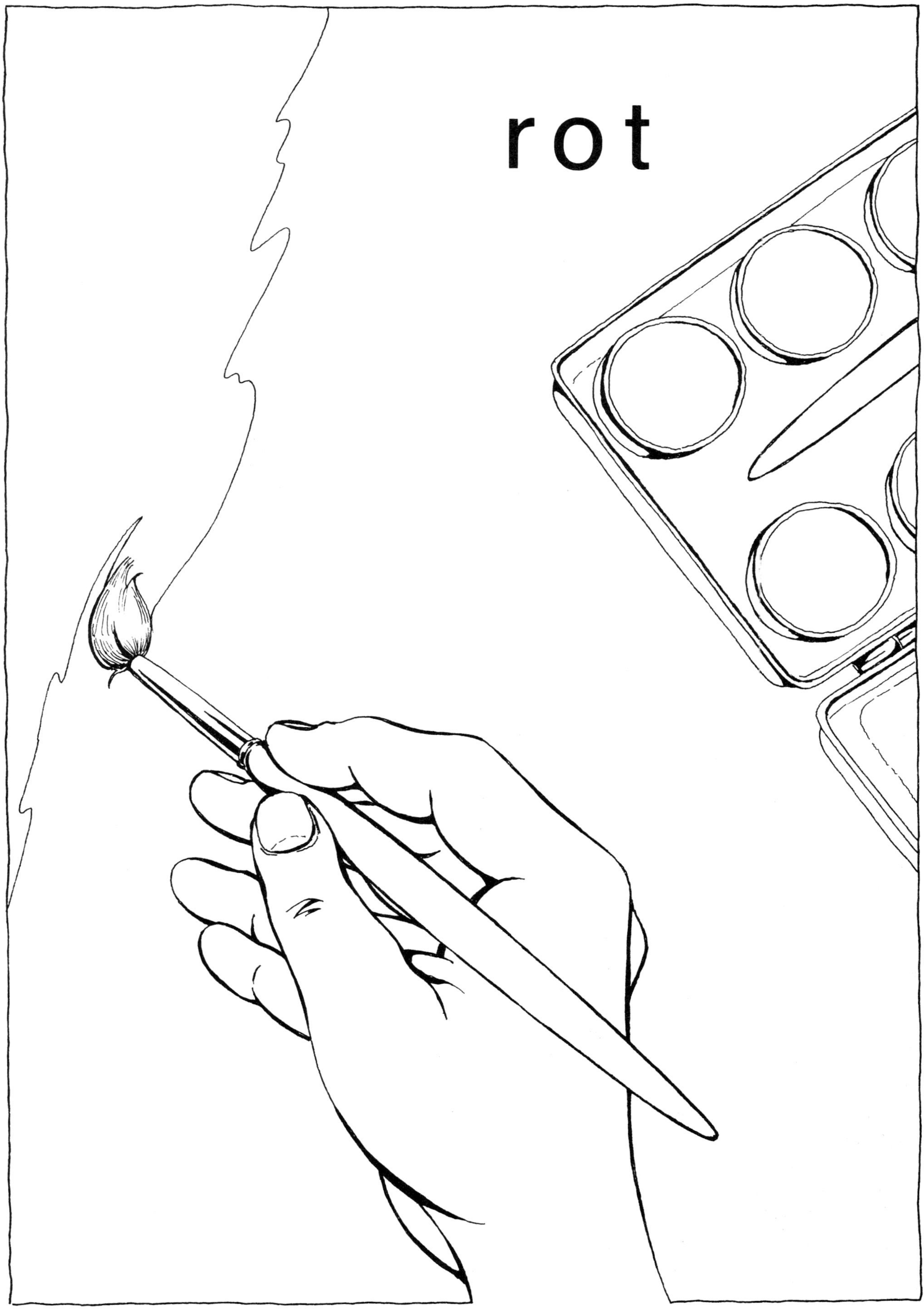
rot

Echo

Wie heißt
die Schwester von Loni? . . . Oni

Wie heißt
der Bruder von Lino? . . . . Ino

Wie heißt
der Onkel von Otto? . . . Totto

Otto ist allein

Otto ist klein

Ute hat Lino

Simon hat Loni

Lino im Bus

Ich bin ein Kaninchen,
sitze im Maschinchen.

Das Maschinchen ruckt,
das Kaninchen zuckt.

Das Maschinchen hupt,
das Kaninchen pupt,
aber ganz leise
und zart,
das ist
Kaninchenart!

Wo ist Simon?
Wo ist Ute?

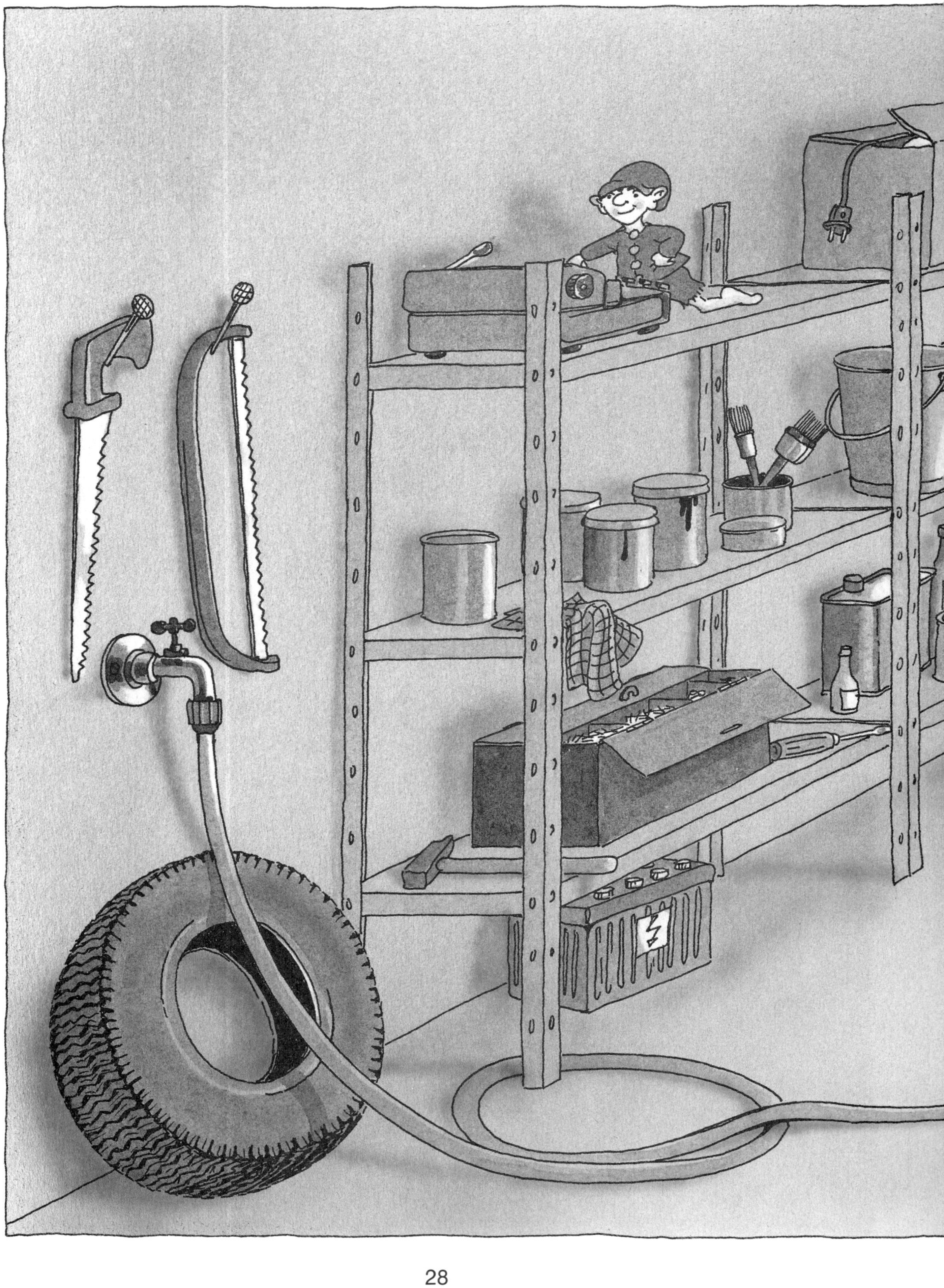

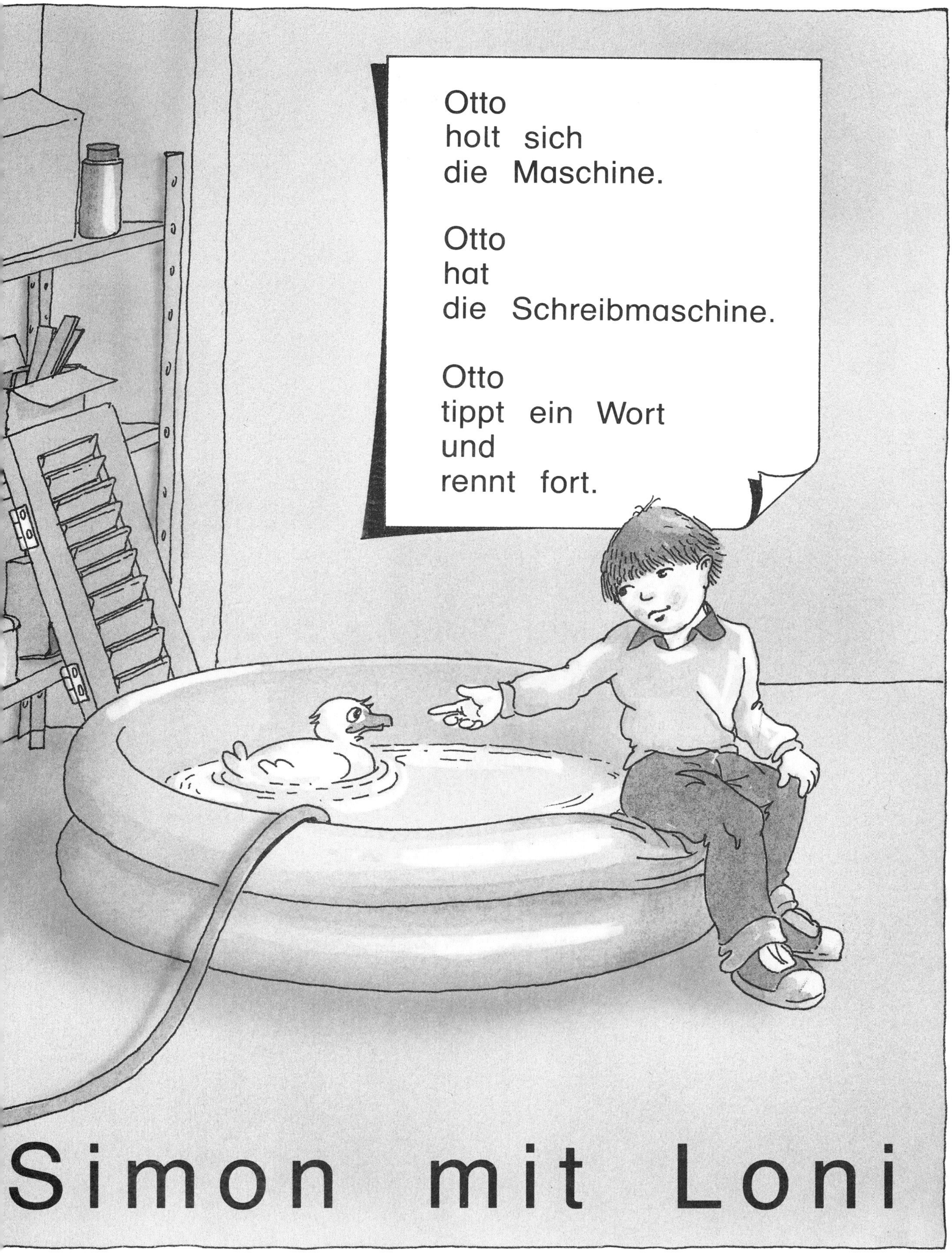
Otto
holt sich
die Maschine.

Otto
hat
die Schreibmaschine.

Otto
tippt ein Wort
und
rennt fort.

Simon mit Loni

Loni
in der Badewanne

Loni
in der
Badewanne,
sieh mal,
wie sie planscht!

Hör mal,
wie sie platscht,
wie sie
mit den
Flügeln klatscht!

Lino
will zu Loni.

Loni
will zu Lino.

Ute
will zu Simon.

Otto
will
mit Loni
zu Lino.

Ute mit Lino

Wenn ich im Bett bin

Wenn ich im Bett bin,
fallen mir nicht gleich die Augen zu.

Ich warte noch ein bißchen
und dreh mich hin und her.

Kommt denn keiner mehr
und gibt mir ein Küßchen
und streichelt mir die Haare
und kitzelt mich ein bißchen?

Jetzt höre ich Mama und Papa reden.
Oder ist es der Fernsehapparat?
Oder sind es Leute auf der Straße?
Oder die, die über uns wohnen?

Jetzt ein Rascheln.
Das war ich selbst
mit meinen Füßen.

Ute im Bett

Ute
wünscht sich
ein Tier

Mama,
schenk mir
ein Tier!

Aber
wo soll es
wohnen?

Ganz nah
bei mir!

Tiere brauchen Pflege
und machen Dreck!

Ich mach ja alles schnell weg!

Und wenn du es vergißt?

Aber Mama,
ich hab es doch lieb!

Schlafen
Simon im Bett

Puppen

Helene: Kann eine Puppe denken?
Weißt du das?

Ein Hund bellt.
Weißt du, was er sagen will?

Eine Katze miaut.
Weißt du, was sie will?

Eine Puppe, ein Hund, eine Katze
können uns verstehen.

Und wir?

Anja: Ich habe
mit Puppen gespielt
und
in die Luft geredet:

Guten Tag!
Was wollen Sie?

Mein Papa
hat mich besucht.

Ich habe
dem Papa
meine Schulsachen
gezeigt.

Schule
Ich hätte am liebsten, wenn alle Tiere in einem Käfig wären, dann könnte man immer, wenn man alleine ist, zu ihnen gehen.
Ich will nicht, daß Kaninchen im Stall leben – Kanarienvögel schon eher.
Wieso gerade Kanarienvögel?
Sie singen so schön und gefallen einem.
Ich bin mehr dafür, daß Vögel in Freiheit leben, eher noch als Kaninchen.

Es macht Spaß, Kaninchen zu züchten.
Ich finde, man sollte alle Tiere frei lassen.

Unsere kleine Katze

Unsere kleine schwarze Katze
mit der linken weißen Tatze,
sie ist weg.

Jetzt suchen wir sie überall
und werfen ihren Gummiball
in jede Ecke.

Ist sie hinter'm Schrank?
Ist sie unter der Bank?
Oder ist sie krank?

Vielleicht schläft sie in meinem Bett
und schnurrt unter meinem Kissen,
wer kann das wissen?

Pst, jetzt höre ich ein leises Rascheln,
ein leises Schnurren, ein Miauen und Kratzen,
das sind ihre Tatzen,
das sind ihre Pfoten,
das ist ihr Schnäuzchen:

das ist unser Meutzchen.

Wie ich mir die

Ich möchte
eine Schule
aus Gold.
Die würde dann
schön glitzern.

Ich möchte,
daß die Wände
mit Blumen
bemalt sind.

Ich möchte,
daß das Klo
gemütlicher ist.

Schule wünsche

Auf dem Schulhof
müßte
ein Schwimmbad sein.

Und wenn man
eine runde Schule hätte?
Wenn sie rund wäre,
würde sie rollen.

Ute ist
in der Schule.

Simon ist
in der Schule.

Otto ist
in der Schule.

Otto ist
in Simons Schultasche.

Otto kann klein sein.
Otto kann groß sein.

Wo ist Lino?
Wo ist Loni?

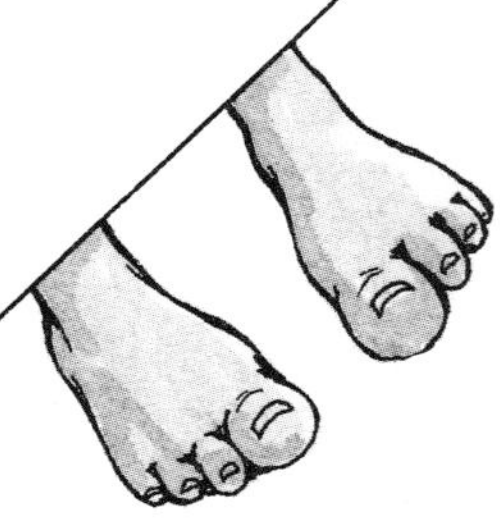

Schaukeln

Schaukellied

Fichten schaukeln,
Linden schaukeln,
sanft im Winde hin und her.

Lerchen schaukeln
Möwen schaukeln
Wolken schaukeln, groß und schwer.

Züge schaukeln,
Masten schaukeln,
Schiffe schwanken auf dem Meer.

Du mußt schaukeln,
ich muß schaukeln.
Alles schaukelt hin und her.

Essen

NU
KETCH
UP

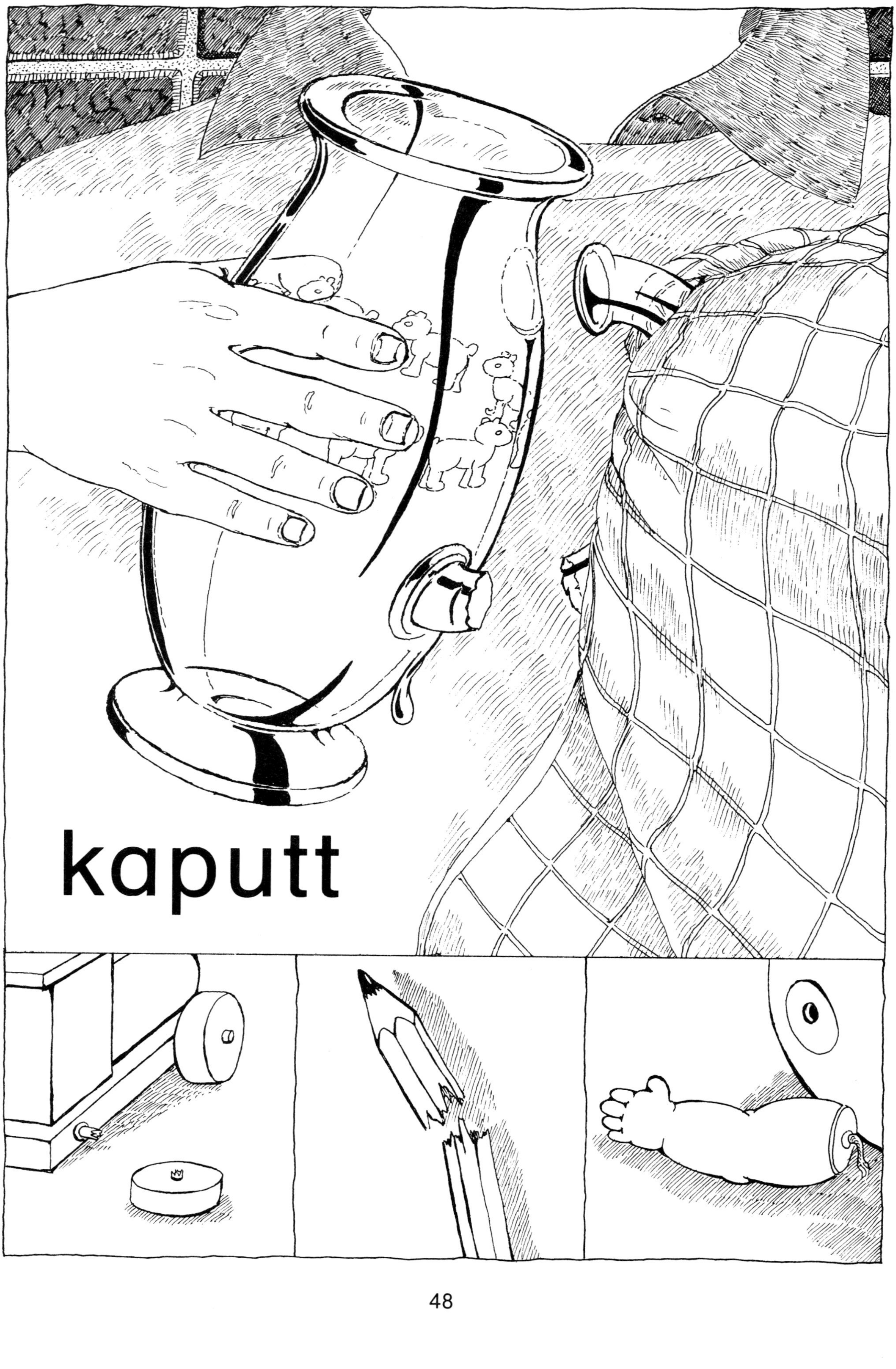
kaputt

Simon
malt ein Bild.
Martin
will auch malen.

Simon
hat einen Turm gebaut.
Martin
hat ihn umgeworfen.

Simon
muß Hausaufgaben machen.
Martin stört.

klein sein

Manuela: Ich habe
mit meinem Baby gespielt.

Meine Mama
hat gefragt:
Darf ich mitspielen?

Da habe ich
das Baby
in den
Puppenwagen gelegt
und habe ihm
die Flasche
gegeben.

Oma

Oma,
kannst du mir etwas erzählen?

Was soll ich denn erzählen,
mein Kind?

Von früher,
als du klein warst.

Früher,
als ich klein war,
hab ich abends auf der Straße
Versteckten gespielt.

Wo hast du dich denn versteckt?

Hinter den Mülltonnen.

War es dir da nicht zu schmutzig?

Ich hab doch die Augen zugemacht
und schöne Sachen gesehen.

Was hast du denn gesehen?

Alles, was ich wollte!

Und was hast du gewollt?

Ein neues Kleid mit roten Blumen
und Lackschuhe
und ein Kettchen aus Gold.

Das hätt' ich auch gewollt.

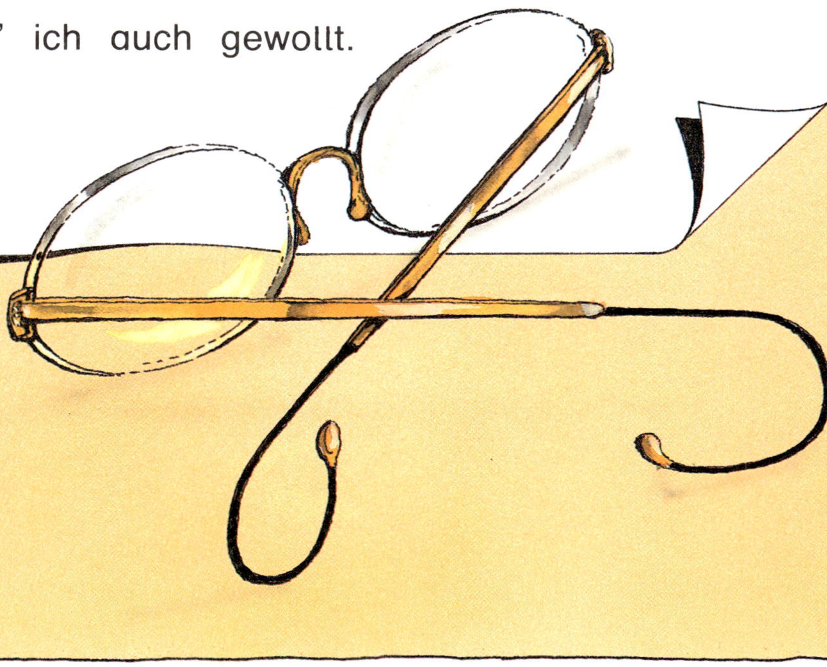

Vater Mutter

Utes Mutter:
Wieso kommst du
so spät?

Ute:
Unsere Tiere
sind weg!

Utes Mutter:
Die werden schon
wieder kommen!

Ute:
Wenn das Häschen
im Dunkelen
Angst hat?

Hoffentlich
hat mein Hase
ein schönes,
warmes Versteck!

Simons Vater:
Wo warst du
so lange?

Simon:
Die Ente
ist weg!

Simons Vater:
Die kommt
bestimmt wieder!

Simon:
Wenn die kleine Ente
keinen
Schlafplatz findet?

Hoffentlich
kommt die Ente
nicht
unter ein Auto!

Ute Simon

Ute:
Ich werde
das Häschen
morgen
den ganzen Tag
mit Simon
suchen.

Simon:
Ich werde
morgen
den ganzen Tag
mit Ute
nach den Tieren
suchen.

Ute kamen
die Tränen.

Simon
kamen die Tränen.

Beide konnten
nichts essen
und beide
gingen schlafen.

Beide konnten
nicht einschlafen.

Dann
schlief Ute ein.

Dann
schlief Simon ein,
und
beide träumten...

Löwenzahn

Löwenzahn,
Löwenzahn
zünde deine
Lichtlein an!
Lichtlein hell
und
Lichtlein weiß,
Lichtlein
auf der Wiese.

Lichtlein
auf der Wiese
blas ich
alle aus
und
es fliegen
Sternchen
in die Welt hinaus,
schweben in der Sonne
schweben auf und nieder.
Nächstes Jahr
zur Frühlingszeit
gibt es
Lichtlein wieder.

Buddeln

Wir buddeln uns ein Loch
ganz tief in den Sand.
Die Erde, die fliegt hoch,
bis an den Himmelsrand.

Buddel, buddel,
grappsch, grappsch, grappsch,
buddel, buddel,
grappsch, grappsch, grappsch.

Wir wühlen in der Erde
bis keiner uns mehr sieht,
wie eine Hasenherde,
die in die Erde flieht.

Buddel, buddel,
grappsch, grappsch, grappsch,
buddel, buddel,
grappsch, grappsch, grappsch.

Jetzt sitzen wir im Hasennest
und kuscheln uns ganz ein.
Jetzt feiern wir ein Buddelfest
und laden alle ein.

Buddel, buddel,
grappsch, grappsch, grappsch,
buddel, buddel,
grappsch, grappsch, grappsch.

Lino
im Mondschein

Der Mond
scheint
auf die Wiese.

Jeder Busch
ist ein Riese.

Lino,
der kleine Hase,
sitzt
im nassen Grase.

Lauter Lügen

Das ist nicht wahr

Der Hund
ist in die Küche gelaufen:

– er hat meine Suppe gegessen...

– ich habe Papas Suppe gegessen...

– Papa hat Mamas Suppe gegessen...

– Mama hat die Suppe
von meiner kleinen Schwester gegessen...

– meine kleine Schwester
hat die Milch
von meinem Hund getrunken...

– der Hund
ist auf den Tisch gesprungen;
da wurde er 'rausgeschickt.

Die Geschichte
ist nicht wahr,
aber ich erzähle sie trotzdem.

Christof

Bücherei

Wir haben
einen Video-Film angeguckt.

Tanja hat geweint.
Tanja ist drei Jahre alt.

Ich hatte keine Angst.
Mama war ja da.
Papa war auch da.

Und noch Besuch war da.
Tamara

Ferien

Was macht ihr in den Ferien?

Ute: Ich fahre auf einen Bauernhof.
Da kann ich reiten.

Simon: Ich bleibe zu Hause.

Ute: Ist das nicht langweilig?

Simon: Reiten ist auch langweilig.

Ute: Das stimmt nicht.

Pedro: Ich spiele den ganzen Tag Fußball.

Sebastian: Wir fahren nach Spanien.

Susanne: Ich fahre Rollschuhe.

Forella: Zu uns kommen
fünf Cousinen zu Besuch
und ein Cousin.

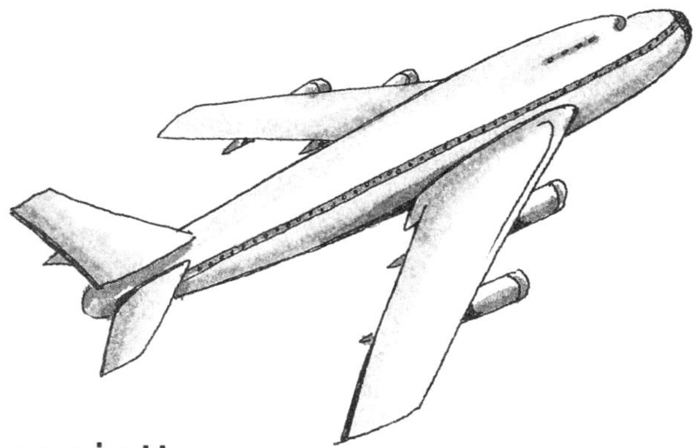

Dimi: In den Ferien
habe ich
zwei Tage lang
den Schlafanzug
nicht ausgezogen.

Ich habe drinnen gespielt.

Und einmal
habe ich
meine Anziehsachen
über den Schlafanzug
angezogen.

So bin ich dann
in den Schloßpark gegangen.

Der Regenbogen

Der Regenbogen
hat zu mir gesagt:

Ich habe Farben
zu verkaufen!
Welche willst du?

Rosa
wären meine Haare,

grün
wäre mein Gürtel,

blau
wäre meine Kette,

rot
wären meine Ohren
und
weiß
nähme ich für mein Kleid.

Hast du auch
durchsichtig
für meine Flügel?

Ich bin Frau Regenbogen.

Brigitte

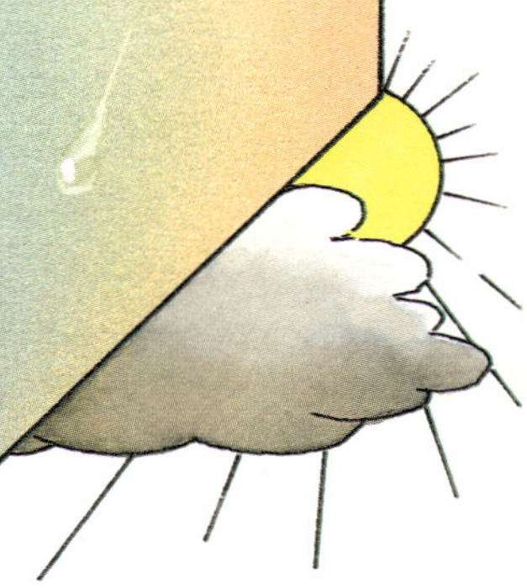

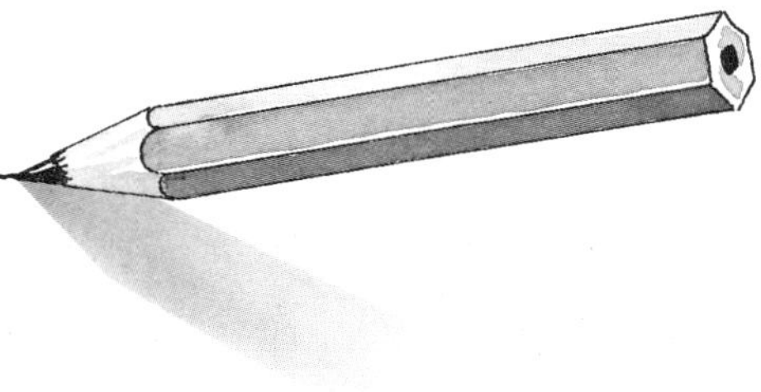

Wenn, wenn, wenn . . .

Heiko: Wenn ich
Lino wäre,
dann wäre ich
Ottos Freund . . .

Susanne: Wenn ich
eine Hexe wäre,
würde ich mir
ein Pferd hexen.

Pedro: Wenn ich hexen könnte,
hätte ich mir
ein Motorrad gehext.
Mit dem Motorrad
würde ich herumflitzen.
Dann würden meine Freunde
staunen.

Sevim: Wenn ich
eine Königin wäre,
würde ich
eine Leiter aus Silber
haben
und damit
zur Sonne steigen.

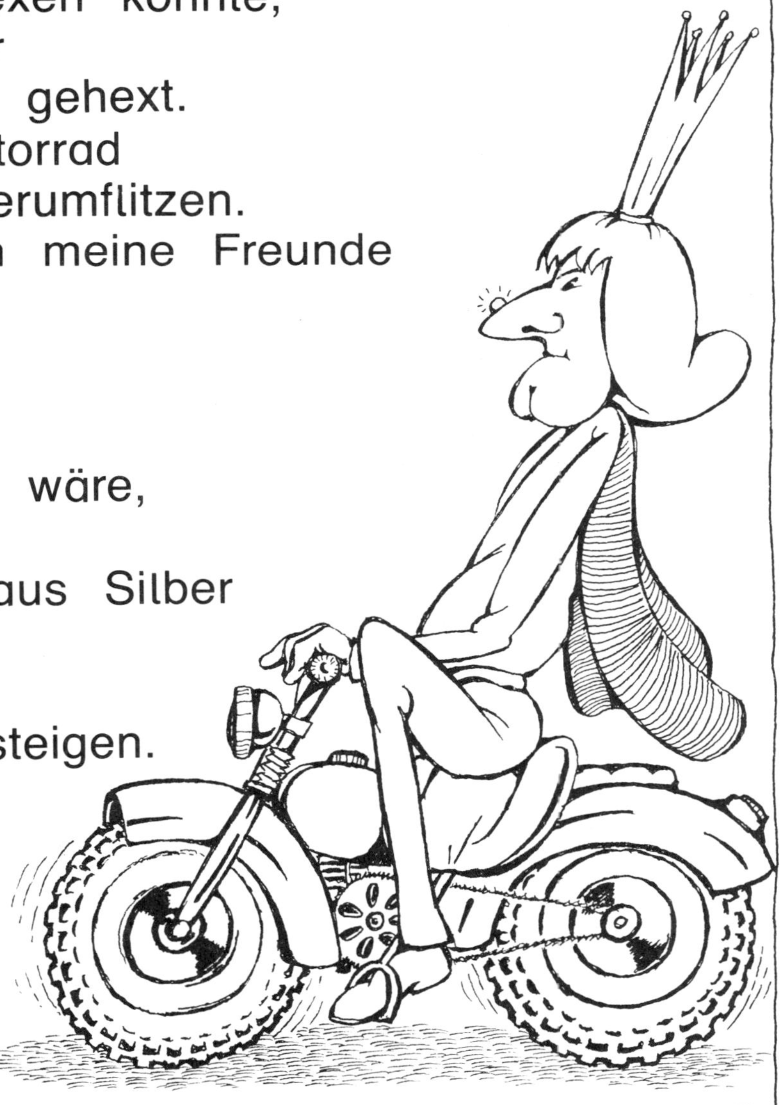

Winter

Die drei Spatzen

In einem leeren Haselstrauch
da sitzen drei Spatzen Bauch an Bauch.

Der Erich rechts und links der Franz
und mittendrin der freche Hans.

Sie haben die Augen zu, ganz zu,
und obendrüber da schneit es, hu.

Sie rücken zusammen, dicht an dicht,
so warm wie der Hans hat's niemand nicht.

Sie hör'n alle drei ihrer Herzlein Gepoch,
und wenn sie nicht weg sind, so sitzen sie noch.

Christian Morgenstern

Schule

Jeden Tag
zur Schule gehen,

jeden Tag,
die Lehrer sehen,

jeden Tag
die Mappe tragen,

jeden Tag
die Sätze sagen,

jeden Tag
nach Hause laufen,

jeden Tag
ein Bonbon kaufen,

jeden Tag
den Namen schreiben,
keinen Tag
zu Hause bleiben.

Wer das tut,
dem geht's gut.
Das glaub ich nicht,
das glaub ich nicht,
das steht doch nur
in dem Gedicht.

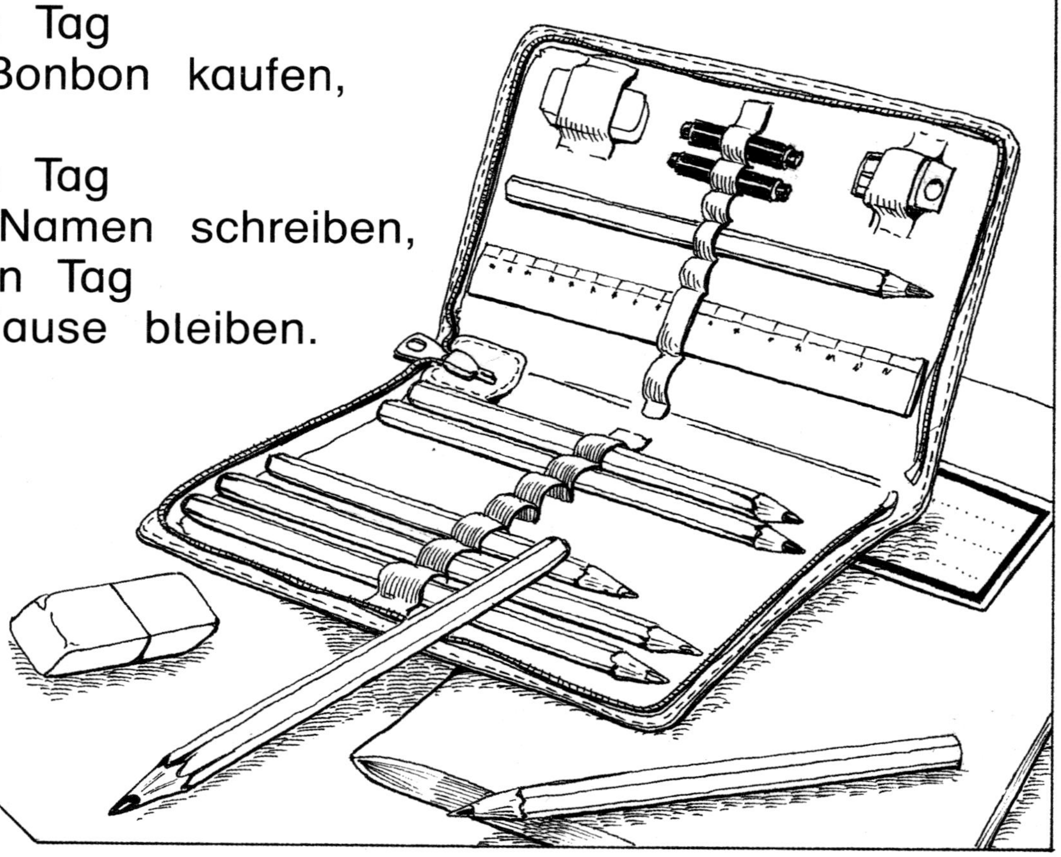

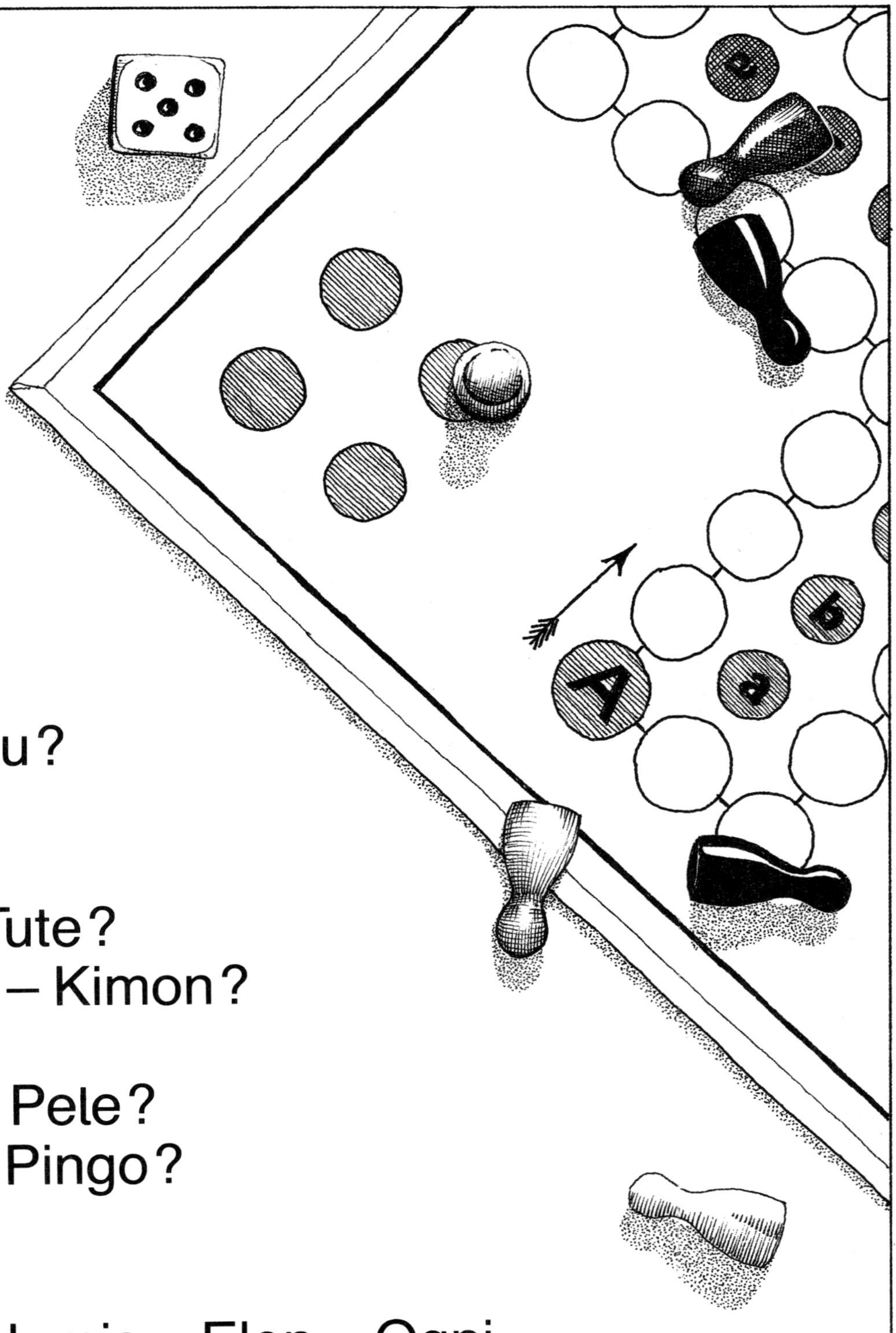

Wie
heißt du?

Ute – Tute?
Simon – Kimon?

Nele – Pele?
Ingo – Pingo?

Nein:
Etu – Nomis – Elen – Ogni.

Ute – Simon – Nele – Ingo.
Utesimonneleingo.

Loni hat Langeweile

Morgens,
wenn es hell wird,
ist Loni gleich wach.

Sie reckt den Schnabel
aus der Tür ihres Entenhauses
und springt
mit einem Platsch
in den See.

Sie schwimmt ein bißchen hin und her,
steckt den Kopf ins Wasser
und fischt nach Wasserpflanzen
zum Frühstück.